由经济大国到
经济强国的发展战略

魏礼群　著

中国言实出版社

图书在版编目（CIP）数据

由经济大国到经济强国的发展战略 / 魏礼群著. ——
北京：中国言实出版社, 2014.8
　　ISBN 978-7-5171-0698-2

　　Ⅰ.①由… Ⅱ.①魏… Ⅲ.①经济发展战略—研究—
中国 Ⅳ.①F120.4

　　中国版本图书馆 CIP 数据核字（2014）第 167121 号

责任编辑：王昕朋　佟贵兆

出版发行　中国言实出版社
　　　　　　地　址：北京市朝阳区北苑路 180 号加利大厦 5 号楼 105 室
　　　　　　邮　编：100101
　　　　　　编辑部：北京市西城区百万庄路甲 16 号五层
　　　　　　邮　编：100037
　　　　　　电　话：64924853（总编室）64924716（发行部）
　　　　　　网　址：www.zgyscbs.cn
　　　　　　E-mail：zgyscbs@263.net
经　销　新华书店
印　刷　三河市祥达印刷包装有限公司
版　次　2014 年 8 月第 1 版　　2014 年 8 月第 1 次印刷
开　本　850 毫米×1168 毫米　　1/32　　1.75 印张
字　数　20 千字
定　价　10.00 元　　　　ISBN 978-7-5171-0698-2

党的十八大站在时代的制高点上，用历史的宽广眼光，系统总结了改革开放，特别是党的十六大以来我国发展取得的历史性成就和基本经验，全面分析了国内外形势，科学制定了我国在中国共产党成立一百年时全面建成小康社会，新中国成立一百年时建成富强民主文明和谐的社会主义现代化国家的宏伟奋斗目标，并作出了重大的战略部署。这个"双百"目标，提出了我国"2013—2020年、2021—2050年"两个战略发展阶段，明确了2020年和2050年两个战略节点，这为在新的历史条件下夺取中国特色社会主义新胜利，实现中华民族伟大复兴的中国梦指明了方向和目标。以党的十八大为标志，我国现代化建设进入了新的发展阶段，根据对我国经济发展现实状况和未来走势的研判，在我国现代化建设新阶段的一个基本任务，就是全力打造中国经济升级版，实现由经济大国向经济强国的历史性转变。深入研究由经济大国到经济强国的发展战略，是我国新的发展阶段所面临的重大课题。

一、我国已经成为经济大国

我国改革开放 30 多年来，始终不渝地坚持以经济建设为中心，积极应对前进道路上的各种矛盾、问题和风险，取得了举世瞩目的成就。据统计，与 1978 年相比，2012 年的国内生产总值（GDP）增长了 142.5 倍，贸易进出口总额增长了 187.3 倍①。从经济总量、部分省市人均 GDP、制造业产值、贸易进出口总额、外汇储备等综合指标看，我国已成为名副其实的经济大国。

1. 经济总量跃居世界第二。经济强国首先

---

① 本书数据主要根据我国各年的《统计年鉴》、《统计公报》及联合国、世界银行、国际货币基金组织等机构的相关研究成果计算得出。

是经济大国，经济大国首先要有世界排名靠前的经济总量。据统计，1978 年我国 GDP 只有 1,482 亿美元，居世界第十位。经过 30 多年的快速发展，2011 年我国 GDP 达到 73,185 亿美元，跃居世界第二位，经济总量仅次于美国；2012 年我国 GDP 超过 74,260 亿美元，继续位居世界第二位。

2. 部分省市经济总量或人均 GDP 已接近或超过中等发达国家水平。2012 年我国人均 GDP 为 6,094 美元，在世界上的排名较为靠后，但从我国东部沿海部分发达省市来看，一些省市的经济总量或人均 GDP 已经接近或超过世界上一些中等发达国家的水平，这是我国已成为经济大国的重要标志之一。据统计，2012 年广东省、江苏省和山东省的 GDP 总量分别为：57,067.9 亿元、54,058.2 亿元和 50,013.2 亿元，按当年汇率计算，这三个省的 GDP 总量均达到 9,000 亿美元左右，这个数值已经接近或超过荷兰、瑞士等一些中等发达国家的经济总量；2012年天津、北京、上海三市的人均GDP分别为：15,069美元、13,967美元和13,565美元，这个数值已接近或超过波兰、匈牙利等一些欧洲中等发达国家的水平。

3. 制造业产值位居世界第一。制造业产值是衡量一个国家经济实力的重要标准。根据联合国统计，2011年我国制造业产值为2.05万亿美元，首次超过美国，跃居世界第一。到2012年底，我国钢、煤、水泥、棉布等200多种工业品产量居世界第一位。我国制造业大国的地位基本确立。

4. 贸易进出口总额跃居世界第二。经济大国是一个国家与世界经济联系的表现结果，贸易进出口总额则集中反映了一个国家对世界经济的影响程度。据统计，2003—2011年间，我国货物出口贸易年均增长21.7%。2012年我国贸易进出口总额为38,668亿美元，位居世界第二，并连续四年成为世界最大出口国和第二大进口国。我国的贸易大国地位进一步得到巩固。

5.外汇储备位居世界第一。外汇储备是一个国家经济实力的重要组成部分。据统计，我国外汇储备规模自2006年超过日本，已连续六年稳居世界第一位。1978年我国的外汇储备仅为1.67亿美元，而到2012年底，已达到33,116亿美元。这对于我国继续运用外汇储备支持国家战略物资储备、支持企业做大做强、支持国家改革和发展，进一步增强我国经济实力，具有重要的意义。

同时，必须清楚地看到，虽然我国已成为经济大国，但发展中不协调、不稳定、不可持续的问题依然突出。长期以来，我国经济发展沿续高投入、高消耗、高污染、低产出、低效益的路子，经济建设虽取得了巨大成就，但按照经济强国的内涵和要求来判断当前的经济发展，依然还存在着人均收入偏少、科技创新能力不足、产业结构层次低、城市化发展滞后、金融体系不完善等方面的问题。迈向经济强国之路依然任重道远。

二、经济强国的内涵和目标

（一）经济强国的内涵

大体说来，经济强国的内涵可从以下几个方面来理解。

第一，世界排名靠前的经济规模和较高的人均收入。党的十八大报告提出，到 2020 年实现国内生产总值和城乡居民人均收入比 2010 年翻一番。这个目标从经济规模和人均收入两个方面，对我国未来经济发展作了战略部署。一国成为经济强国的前提首先必须是经济大国，没有一定的经济规模，即使一国的国际竞争力再强也不能称之为经济强国。按照国际惯例，一个国家步入经济强国的门槛条件之一，是一国的经济总量至少应占到世界经济总量的 5%。据统计，2007年末，我国经济总量已经占到世界经济总量的7.9%，应当说已经迈过最低门槛了。据国际货币基金组织（IMF）统计，2012 年我国人均 GDP 为 6,094 美元，按照高收入国家的人均收入标准来衡量（人均收入达到 1 万美元），我国的人均收入水平已进入中等收入国家行列。如何在经济规模扩大的基础上实现人均收入的明显增加，则是我国迈入经济强国行列的重要任务。

第二，具有很强的科技创新能力，掌握相当一批核心关键技术。科技创新是提高社会生产力和综合国力的战略支撑，在一个国家经济发展中具有全局的核心作用。一个经济强国必然是一个科技创新强国，往往在科技创新、产品创新、产业创新、商业模式创新和品牌创新方面具有比较优势，而科技创新处于核心地位。美国、日本、德国等国家之所以被称为经济强国，最主要的原因在于这些国家具有强大的科技创新能力，掌握一批核心关键技术，并具备把这些科研成果与关键技术转化为产品的体制和机制。当前，我国已进入全面建成小康社会的决定性阶段，正处于由经济大国迈向经济强国的阶段性进程中，重视科技创新、实施创新驱动发展战略是我国改革发展的一个重大抉择，也是走向经济强国的必然要求。

第三，具备高端化和生态化的产业结构，在全球产业分工中占据有利地位。从根本上说，现代国际经济的竞争是国与国之间产业优势的竞争。具备高端化与生态化的产业结构，并能够在全球产业分工中占据有利地位，是经济强国的基本内涵之一。高端化的产业结构能使一个国家牢牢掌控全球产业链和价值链的高端环节，而生态化的产业结构则可以破解能源资源约束和缓解生态环境压力。目前，全球经济格局深度调整，产业竞争异常激烈，尤其在国际金融危机爆发后，世界主要经济强国纷纷提出"再工业化"战略，试图在新的技术平台上提升制造业、发展新兴产业，并试图继续以核心技术和专业服务牢牢掌控全球产业链和价值链的高端环节。从国内来看，产业结构调整的高端化不够，产业竞争力在全球价值链中处于低端环节依然是我国经济结构性矛盾最为突出的表现之一。通过产业结构的转型升级，提高产业创新能力和技术水平，改变产品附加值低、产能过剩、高端产品供给不足的状况，将生态文明建设与产业结构调整结合起来，发展资源节约型、环境友好型产业，以破解环境与资源的双重约束，达到产业结构的高端化与生态化，同样是实现经济强国的内涵要求之一。

第四，具有较高的城市化率，并形成一批具有国际影响力的城市群。城市是一个国家社会生产力的重要载体，世界发达国家成为经济强国的过程就是其城市化率不断提高的过程。随着城市化的推进，一方面能带动大量农民转化为市民，带动消费水平的提高并引发巨大的消费需求；另一方面，城市化需要大量的基础设施和公共服务投资，从而引发巨大的投资需求，并能引导经济结构优化升级。因此，城市化是一个国家实现经济强国目标的"发动机"。经济强国普遍形成了一个或几个具有国际影响力的城市群，这些城市群成为拉动区域或者国家经济发展的"火车头"，如以纽约为中心的美国东北部大西洋城市群、以东京为中心的日本太平洋沿岸城市群，以及德国的莱茵—鲁尔城市群等世界性大城市群，成为这些经济发达国家生产力的重要载体。

第五，具有可自由兑换的国际货币和发达稳健的金融体系。本国货币是可自由兑换的货币，能够被国际交易所接受，并成为其他国家的外汇储备货币，同时拥有较大规模的金融资产和发达稳健的金融体系，是一个国家可称之为经济强国的重要内涵。从世界经济强国崛起的历程中可看出，完成工业革命后的英国确立了以英镑与黄金进行自由兑换的国际金本位制度，伦敦成为当时世界的贸易和金融中心，英镑成为当时名副其实的国际货币，为英国成为经济强国提供了金融支撑与便利条件。20 世纪30 年代末金本位制崩溃以后，"布雷顿森林协定"实际上建立了以美元为中心的国际货币体系，为美国成为经济强国奠定了坚实的基础。当前，国际金融在牙买加体系下，虽然国际货币呈现多元化的倾向，但是美元、日元、欧元等作为主要的国际货币，掌控着大宗商品的定价权，极大地巩固了相关国家的经济强国地位。因此，党的十八大提出的逐步实现人民币资本项目可兑换、推进金融创新、维护金融稳定的战略部署，反映了我国坚定不移推进金融改革开放发展，也是我国迈向金融支撑的经济强国的客观要求和必然选择。

第六，在国际经济体系中具有重要地位，拥有较强的国际影响力。一个经济强国能够以强大的经济实力在国际组织和国际事务中发挥影响力，能够在世界经济发展方向上有影响并体现其重要性，能够支撑这个国家在国际格局中应有的战略地位。首先，要拥有一批跨国公司与国际知名品牌。跨国公司是经济全球化的主角，自主品牌则是占领国际竞争制高点的重要象征。其次，要能够在一些重要的国际经济组织中占据有利地位。例如，世贸组织、经合组织、世界银行、国际货币基金组织等国际性经济组织在全球的经济事务中发挥着越来越重要的作用，美国等国家正是利用这些经济组织不断巩固其经济强国的地位。再次，要能够主导区域性的经济组织。区域经济组织是区域经济一体化的载体，如美国、日本和德国等经济强国分别在北美自由贸易区、亚太经合组织和欧盟等区域经济组织中占据主导地位，这些组织为维护这些国家的区域经济利益提供了平台。最后，还要在国际经济规则制定方面起着重要作用。一个国家能否在国际贸易规则、国际金融规则等制定过程中发挥重要作用，是判断其是否具有国际地位和国际影响力的重要标志。

（二）经济强国的目标

按照以上经济强国的内涵，可以用国内生产总值的世界占比、科技创新水平指数、服务业产值占比、城市化率和国际储备货币占比这五个综合指标来量化经济强国。研究经济强国的规律，目的是要为我国实现由经济大国到经济强国转变设计目标和路径，换句话说，可以通过综合比较世界上现有经济强国的指标体系与衡量标准，来为中国的经济强国之路设定具体目标。

1.国内生产总值的世界占比。这是衡量一个国家是否是经济强国的门槛条件，一个经济强国首先必须是经济总量大国。据世界银行的统计，2011年美国、中国、日本、德国等国家的国内生产总值占世界国内生产总值的比重分别为：21.4%、10.5%、8.4%、5.4%。从对比数据可知，当今世界经济规模符合经济强国门槛条件的，有美国、中国、日本和德国四个国家。

2.科技创新水平指数。具有强大的科技创新能力是由经济大国迈向经济强国的关键因素。科技创新水平指数可以通过从事研发的科学家数量、发明专利数量、科技期刊发表论文数量和研发经费这四个指标进行加权平均计算得出。据统计，按照2011年的相关数据进行综合比较，科技创新水平指数全世界排名前五位的国家分别是：美国、日本、德国、韩国、英国，中国的科技创新能力排名在第18位。我国近些年来的科技创新能力有了很大提高，但与科技创新强国相比还有较远的距离。

3. 服务业产值占比。现代经济强国都具有高度化与生态化的产业结构。可以用服务业产值高低占比来测度是否为经济强国。一般认为，一个具有高度化产业结构的经济强国，服务业产值占GDP的比重应在70%左右。据世界银行的统计，2012年，美国、日本、德国、法国的服务业产值占GDP比重分别为：79.7%、71.4%、71.1%、79.8%，中国的服务业产值占比仅为 44.6%。从服务业产值占比来看，我国与经济强国地位的确还有相当的距离。应当说，推动服务业特别是现代服务业发展壮大、推动新兴产业、先进制造业等产业发展、培育一批跨国企业和世界知名品牌，是我国未来产业结构调整的战略方向。

4. 城市化率。城市化是一个国家现代化的重要内容，也是衡量一国现代化水平的重要标志，一个经济强国必须具有较高的城市化率。据世界银行统计，2011 年，美国、日本、德国的城市化率分别为：82.4%、91.1%、73.9%，我国的城镇化率目前仅为 51.3%[①]。按照国际衡量标准，一般认为发达国家的城市化率普遍超过 70%，按此标准，我国的城市化率还有待进一步提高。我国正处于城镇化进程的发展阶段，这对于实现经济强国目标具有战略意义。当然，鉴于我

---

① 我国的"城镇化"包括建制镇在内。

国特殊的基本国情，可不必追求其他发达国家过高的城市化率。

5. 国际储备货币占比。一个国家的本国货币能被世界上其他国家作为流通、计价、结算货币，尤其作为储备货币，则无可置疑地反映了这个国家在国际经济体系中地位和影响力，是一个国家经济实力强大的集中体现。按照一般的衡量标准，一国货币能在世界储备货币中占到 4%左右，可被认为是一种国际化货币。据IMF 统计，2010 年美元、欧元、英镑和日元在国际储备货币中的比重分别为：62%、26%、4%、4%，而人民币在国际储备货币中的比重还不到1%。换句话说，人民币的国际化程度比较低，国际商品市场较少使用人民币进行计价和结算，我国在国际金融市场上的大宗商品定价权非常有限，离以金融作为支撑的经济强国还有较远的距离。

因此，经济强国可认为是经济总量、科技创

新、产业结构、城市化发展、国际金融等领域在世界上占据主导地位的国家。通过经济总量、人均 GDP、制造业产值、贸易进出口总额和外汇储备五个指标可表征一个国家是否是经济大国，可用国内生产总值的世界占比、科技创新水平指数、服务业产值占比、城市化率、国际储备货币占比这五个量化指标来表征经济强国的特征。这十个指标就形成一个完整的指标体系，可清晰构画出一个国家由经济大国向经济强国转变的战略目标。当然，经济大国和经济强国的内涵还可从不同的角度进行量化。比如，衡量一个国家的国际贸易与国际金融实力，有学者提出可以用国际储备货币占比、FDI 净流量、对外贸易占 GDP 比重等指标加权平均得到开放度水平指数来计算，这值得进一步研究。我们选取的判断经济强国的指标，既充分考虑了体现经济强国的基本内涵，又基于易于计算和便于理解的原则。

根据这一套指标体系，按照党的十八大提出

的"双百"目标，可以明确我国建设经济强国的战略步骤和目标。据中国社科院的报告，在2020年这个战略节点上，我国的经济总量将超越美国，居世界第一，占世界GDP的12%左右。党的十八大提出，在新中国成立一百年时，实现建成富强民主文明和谐的社会主义现代化国家的奋斗目标。在那个时候，可以认为我国迈入了世界经济强国的行列。因此，我国建设经济强国的战略步骤和目标可表述为"两步走"：第一步，到中国共产党成立一百年时，我国国内生产总值达到15万亿美元左右，人均收入超过1万美元，城镇化率达到60%左右，实现全面建成小康社会的目标。第二步，到新中国成立一百年时，我国国内生产总值的世界占比达到20%左右；科技创新水平指数迈入世界前五名国家的行列；服务业产值占GDP的比重达到60%左右；具有一批跨国企业与世界知名品牌；城镇化率达到70%左右，形成一批具有重要国际影响力的城市群；人民币成为国际货币，并在国际储备货币中的占比达到 4%左右。到那时，我们可以圆满实现经济强国目标与中华民族伟大复兴的中国梦。

三、世界上经济强国崛起的历程与启示

经济强国在世界经济中占据主导地位，在全球经济的利益分配中处于优势地位，这种主导与优势地位的获得，是在世界经济政治格局的变迁中形成的，有其特定的历史背景与发展路径。通过对国内生产总值的世界占比、科技创新水平指数、服务业产值占比、城市化率和国际储备货币占比这五项综合指标的比较，可以认为：美国、日本和德国是当今世界上名副其实的经济强国。回顾世界经济强国崛起的历程，对于我国抓住"两个"战略发展阶段，到 2050 年时胜利实现经济强国和中华民族伟大复兴的战略目标具有重要的借鉴意义。

（一）经济强国崛起的历程

以史为鉴，可以知兴替。15 世纪以来，先后有葡萄牙、西班牙、荷兰、英国、法国、德国、日本、俄罗斯和美国这九个国家成为世界性的经济大国[①]，美国、日本和德国则是当今世界上名副其实的经济强国。15 世纪的葡萄牙拉开了人类航海的序幕，将海上探险和殖民贸易结合起来，成为人类历史上第一个真正意义上的全球性经济大国。16 世纪的西班牙在地理大发现之后，凭借殖民美洲与亚洲所获财富，很快成为世界性的经济大国。17 世纪的荷兰依靠金融创新、殖民扩张和海外贸易，迅速确立了其海上霸主的地位，并替代了葡萄牙和西班牙的经济大国地位。18 世纪的中后期，工业革命首先在英国发生；随后，德国、美国和日本等国家紧紧跟上工业革命的浪潮，实现了国家的现代化与经济强国

---

① 唐晋主编，2006 年版，《大国崛起》，人民出版社，第 1 页。

的目标。

1.英国。1688 年英国的"光荣革命"，建立了现代的民主政治制度，形成了有利于自由市场经济发展的制度框架，为英国持续的经济社会变革奠定了体制基础。经济自由主义理论的传播，为英国走上自由市场经济道路起了引导作用，推行自由贸易政策为英国成为贸易强国奠定了基础。英国政府鼓励技术创新，并制定了世界上第一部正式而完整的专利法，使得技术发明与改进成为推动工业革命的重要引擎。18 世纪发生在英国的工业革命，直接促进了英国成为世界经济强国。据统计，1860 年英国经济总量的世界占比为 19.9%，生产了 40%~50%的世界工业产品，对外贸易总额占世界贸易总量的40%，英镑成为在金本位制度下的国际货币①。从经济综合指标来看，英国是世界上第一个真正

---

① [英]麦迪森著，2003 年版，《世界经济千年史》，北京大学出版社，第80~95 页。

意义上的经济强国。

2. 美国。18 世纪的美国经济在英国的殖民统治下缓慢发展。19 世纪后半期美国跟上第二次工业革命的浪潮，促成了一系列新兴工业部门的建立，带动了经济总量的迅速扩张。第二次世界大战改变了世界的经济与政治格局，美国成为世界头号的经济大国。二战后布雷顿森林体系的形成，确立了美元的国际货币地位，并成为美国确立其经济强国地位的最主要标志。联合国、世界银行、国际货币基金组织等国际性组织的建立，为美国参与和主导全球事务、实现经济扩张奠定了基础。20 世纪以来，美国在科技创新领域取得了一系列突破性的进展，半导体材料、计算机、互联网等科技革命都首先发生在美国。据统计，2011 年美国 GDP 总量为 14.99 万亿美元，占世界经济总量的 25.7%。美国是世界上科技创新能力最强的国家。2012 年美国的服务业产值占比达到 79.7%。美元为国际货币，是世界各国主要的外汇储备资产。

3. 日本。1868 年的"明治维新",为日本确立了市场经济的制度框架,为其走上市场经济道路奠定了基础。二战后的日本在废墟上重建经济,在面积仅为 37 万多平方公里的国土上,创造了实现国家现代化与经济强国的奇迹。日本政府重视对经济的干预,通过制定经济发展计划与扶持重点产业,为战后经济的发展繁荣做出了重要贡献。日本注重教育,重视人力资本的投资与积累,这成为其经济起飞的关键因素。日本重视高效率的技术引进和研究开发,善于学习和利用世界上的先进科学技术,并在此基础上建立起自主创新体系。日本是当今世界上第三大经济体,具有世界领先的科技创新能力,拥有索尼、松下、丰田等一大批跨国企业和世界知名品牌。日元为国际货币。

4. 德国。德国是欧洲最重要的国家。19 世纪中后期,德国首相俾斯麦以"铁血政策"使德国获得了统一，并建立了统一的币制和度量衡，大力发展科学技术，创立了统一的国内市场，为德国建立完善的工业体系奠定了基础。20 世纪 20 至 30 年代，第一次世界大战中战败的德国接受了美国道威斯计划提供的大量贷款，积极引进和大力发展科学技术，并主动和苏联、美国等经济大国改善关系，使德国经济在很短的时间内有了飞速发展。第二次世界大战后，德国从战争的废墟中崛起，创造了"社会市场经济"的发展模式，并成为以电子电气为特征的第三次工业革命的领导者。据统计，2011 年德国 GDP 总量为 3.60 万亿美元，占世界经济总量的 5.4%，为世界第四大经济体。德国是全球发达的服务贸易大国，机械制造、汽车等产业具有极强的国际竞争力，拥有西门子、宝马等众多跨国企业和世界知名品牌。德国的科技创新能力位居世界前列。德国是欧元区成员，也是欧洲最重要、最强大的经济实体，是拉动欧盟经济的"火车头"。

（二）有益的启示

当前，我国经济发展所面临的国际条件和历史环境已经发生了根本性的变化。纵观世界上一些经济大国和经济强国崛起的历程，大多是与殖民扩张和财富掠夺等暴力方式相伴随，在当代经济全球化和世界格局多极化的大背景下，依靠对外殖民扩张和暴力掠夺实现经济崛起的方式已不可复制。同时，我国是社会主义国家，我们也不能走对外扩张和财富掠夺的路子，只能走和平发展之路。然而，研究总结世界上经济强国崛起的历史进程，还是有必要的，可以得到有益的启示。从世界上已成为经济强国的国家发展进程看，大体上都有以下"七个重视"。

第一，重视世界历史的发展机遇。从公元1500年前后的地理大发现算起，纵观在这500多年中世界经济强国走过的发展道路与留下的经验教训会发现：每一个经济强国的崛起都是在特定的背景条件下，紧紧地抓住历史与现实赋予的战略发展机遇，实现了经济社会的跨越式发展。葡萄牙、西班牙和荷兰等国家借助地理大发现的巨大历史机遇，广泛进行殖民扩张和海外贸易，建立起庞大的经济版图，实现了国家的崛起。而其他没有抓住这一历史机遇的国家，则被抛在了后头。每一次产业革命都意味着新的发展机遇。美国、日本、德国等紧紧地抓住第二次工业革命、第三次工业革命的战略机遇期，顺应历史发展潮流，充分利用全球资源，从而实现了经济强国的目标。当前，世界经济政治格局正处于深刻的调整时期，正掀起人类波澜壮阔的科技革命浪潮，全球新一轮技术革命方兴未艾，我国应紧紧抓住并充分利用这一次重要的战略机遇期。

第二，重视科学技术的创新推广。科学技术是第一生产力。世界经济强国崛起的历程雄辩地证明：科技创新在经济强国的崛起过程中扮演了重要角色，唯有依靠不断推进科学技术创新，并不断地将科学技术转化为实际生产力，才是一个国家崛起的必由之路。以瓦特发明的蒸汽机为先导，英国在18世纪掀起了一轮技术发明与改进的浪潮，为英国的工业化和经济崛起奠定了坚实的技术基础。以爱迪生的发明为先导，美国成为19世纪电气革命和20世纪电子信息革命的发源地。美国建立了完善的鼓励技术创新与科技发明的体制机制，各种发明如雨后春笋般出现，美国依靠其强大的科技实力，在全球经济中独占鳌头。日本依靠技术引进及改良创新，建立了自主的科学技术体系，并依靠科技的力量迅速赶超先进国家水平。德国则非常重视基础科研与应用科学创新，正是强大的科技创新能力为机械制造、汽车、化工等成为具有极强全球竞争力的产业奠定了基础。

第三，重视人力资本的投资开发。美国经济学家舒尔茨在20世纪60年代提出了人力资本理论后，受到西方国家的普遍重视。美国、日本、德国等经济强国无一不是依靠巨大的人力资本投资，创建高水平的教育体系，培养出高素质的人才，为科技创新提供源源不断的智力源泉，为实现经济崛起提供有力支撑与必备条件。美国是经济强国，同时也是人力资源强国，美国的高水平大学、高端科研机构的数量在全球都处于领先地位。日本能够在第二次世界大战后的废墟上迅速重建经济，其奥妙之一就是日本政府对教育的高度重视，重视人力资本的投资与积累，为实现经济起飞奠定了人才基础。德国在二战之后，依靠政府对教育的巨大投入，使得基础科学和应用科学得到了迅速发展，为实现经济崛起提供了人才和智力支撑。

第四，重视城市化的持续推进。纵观经济强国崛起的历程，城市化的持续推进是实现经济崛起的必经之路。在经济强国崛起的过程中，城市化与工业化、现代化相伴而行、相互促进，能够为经济发展提供持续的内在动力。葡萄牙、西班牙和荷兰的自由市场经济萌芽于城市的原始形态——城堡之中，崛起于城市的扩张与发展之中。19世纪的英国率先完成了工业革命，庞大的铁路交通网络使得城市规模迅速扩张，到1861年，英国城市化水平已达到61.3%，高度城市化为英国实现经济崛起提供了源源不绝的动力。19世纪后期到20世纪的美国，紧紧抓住第二次工业革命、第三次工业革命的浪潮，使得美国发展成为发达的现代市场经济国家，在雄厚的物质条件支撑下，着力发展大城市群、合理布局中小城镇，为经济的崛起提供了广阔的发展空间。二战后的日本、德国，着力推行政府主导的城市化模式，通过领导重视搞好城市的规划与发展、优先发展大城市、引导产业集群与集聚等战略措施，保障了经济的可持续发展。

第五，重视体制机制的改革创新。一般地说，一个国家的经济发展取决于资源禀赋、科学技术、人力资本等生产要素。但是，如果没有不断变革的体制机制有力保证，那么生产要素就必定无法发挥出应有的经济效率。经济强国崛起的历程充分表明，经济社会发展中的体制机制变革，是一个国家崛起的先决条件之一。无论是葡萄牙对航海探险基金机制的创新，还是西班牙对个人产权制度的改革；无论是荷兰对金融制度与金融体系的创新，还是英国"光荣革命"对民主政治制度的改革；无论是美国对自由市场经济体制的确立，还是德国对社会市场经济体制的构建，都有力地证明，不断进行体制机制改革与创新是经济强国崛起的重要经验。

第六，重视海洋强国战略的制定实施。纵观世界强国的发展史，其实质就是海洋强国的发迹史[①]。海洋是连接世界各个经济体的血脉和桥梁。葡萄牙、西班牙和荷兰等国家的崛起无一不是依靠海洋上力量的优势，都高度重视海外

---

① 殷克东、方胜民编著，2008年版，《海洋强国指标体系》，经济出版社，序言部分。

贸易和殖民扩张，都是在重视海洋强权的战略中形成了对世界经济的主导权，确立了其经济大国的地位。18世纪的英国，正是依仗其当时世界上最强大的海上力量，击败了荷兰的海上有生力量，并将海洋军事优势、殖民扩张与国际贸易这三者结合起来，成就了"日不落帝国"。此后的美国、日本和德国等经济强国都是以海立国、以海兴国，先盛于海洋，后盛于世界。当今的美国，更是重视发展航空母舰、潜艇等海洋军事力量，并积极控制海上战略要地和建立海洋战略基地，将经济、政治、军事等方面紧紧与海洋强国战略联系在一起，为巩固其经济强国地位作出了巨大贡献。

第七，重视对外开放的拓宽扩大。世界经济强国崛起的历程表明，没有一个国家能够在封闭的经济体系中崛起。从葡萄牙、西班牙、荷兰、美国等经济大国崛起的历程可以看出，开放的全球市场和自由贸易的深入发展、世界经济体系的形成与国际产业结构的联动是影响大国崛起的重要外部因素。18 世纪的英国通过实行自由贸易政策，积极开拓国际新兴市场，将工业化生产出来的产品倾销到世界各地。美国利用在世界产业分工中的有利地位，在全球范围内进行资源配置，并利用在国际金融、国际政治中的强势地位，不断巩固其经济强国地位。德国和日本都是以发展外向型经济为主的国家，并积极参与世界分工体系和全球经济的治理，不断适应世界市场体系的变化，为国家的崛起铺平了道路。

四、我国由经济大国到经济强国的机遇和挑战

总结世界经济强国崛起的历程和启示，对于正确认识我国当前所面临的机遇和挑战具有借鉴意义。进入新世纪新阶段以后，世界上发生了一系列具有全局性和战略性的重大事件，对国际经济与政治格局都产生了广泛而深远的影响。从总

体上看，我国正处于全面建成小康社会的决定性阶段，世情、国情、社情继续发生深刻变化，经济发展正处于由经济大国到经济强国的历史性转变中。统观全局，我国仍然处于可以大有作为的重要战略机遇期，具有迈向经济强国的许多有利条件，同时也面临着诸多严峻挑战和不利条件。

（一）战略机遇

战略机遇期一般是指对国家发展全局产生重大深远影响的一段时期，是有利于战略实施的历史阶段及大的背景、环境和条件。战略机遇期的形成，往往是国际、国内条件发展的综合结果。从经济强国崛起的经验来看，能否抓住有利的发展机遇是一个国家崛起的关键。客观地讲，我国发展面临的国际风险和挑战在增多，但今后一个时期我国仍处于重要战略机遇期不会变，"2014—2020年、2021—2050年"两个战略发展阶段不会变，2020年和2050年这两个战略节点不会变，我国实现社会主义现代化和中华民族伟大复兴的决心与意志不会变。

从国际方面来看：

第一，经济全球化深入发展，促进共同发展的有利因素在增加。资本、商品、技术、信息和劳务的国际间流动正在加快，各国都在调整产业结构。经济发达国家正加快将传统产业和现代服务业向劳动力素质较好、成本较低的发展中国家转移，这有利于我们在世界范围内优化资源配置，可以更多地从外部获得生产要素，以促进我国产业结构优化与技术进步。同时，经济全球化有助于我国的产品走向国际市场，提高企业的国际竞争力，增强我国的综合国力，对扩大我国的经济规模、提升国际影响力具有重要意义。

第二，世界科学技术日新月异，有助于我国发挥后发优势。从世界发展史看，每一次经济危机都孕育着新的科技革命，而新的科技革命必然带来新的产业革命。当前，以信息技术为主导并由此带动的新能源、新材料、生物技术、海洋技术等新科技革命方兴未艾，必将在不远的将来形成新的科技进步浪潮。随着经济全球化的发展，我国可以通过引进、再创新等途径吸收消化发达国家的一些关键技术，并大幅度提高我国的自主创新能力。在此背景下，我国就能够发挥后发优势，顺应世界经济科技发展潮流，实施建设创新型国家、人力资源强国、海洋强国等重大战略，实现科学技术、人力资源和生产力更大规模和更高质量的发展。

第三，国际金融危机影响深远，世界经济格局发生重要变化。近年来，在国际金融危机和债务危机的巨大冲击下，欧美等发达国家经济实力相对下降，经济复苏缓慢，而我国等新兴经济体率先回升，成为世界经济增长的主要引擎。国际金融危机的爆发，世界各经济体尤其是新兴经济体对以美元等货币为主导的国际金融体系提出了挑战，要求对世界货币体系进行改革的呼声日渐高涨，这为人民币走出国门，加快人民币的国际化步伐，提高我国金融的开放程度，建立发达稳健的金融体系提供了重要机遇。

第四，国际形势总体稳定，和平与发展仍是时代主题。尽管某些地区矛盾激化，动荡不已，但维护和平、制约战争是全世界人民的共同心愿。总的看，新的世界大战短期内打不起来，我们仍有可能争取到较长时间的和平国际环境。国际货币基金组织、世界银行等世界经济组织的治理结构改革已经迈出重要步伐。可以说，相对稳定的国际政治经济局势，有利于我国集中力量发展自己，也有利于我国积极参与全球经济治理，推动全球治理机制变革。这些为我国从经济大国向经济强国迈进提供一个较好的外部环境。

从国内方面来看：

第一，我国经济具备更大发展的实力。从经济总量看，我国已经成为仅次于美国的第二经济大国，成为世界第一外汇储备大国。国家综合实力的不断增强，能够有力抵御国际国内市场的经济风险，持续扩大经济规模与提高人均收入水平。

第二，保障经济持续发展的物质技术基础更加坚实。经过新中国成立60多年特别是改革开放30多年以来的建设和发展，随着我国综合国力大幅度提升，可持续发展的物质技术基础和内生动力不断增强。目前，我国产业体系比较完整，培育和发展新兴产业取得积极成效；基础设施逐步完善，能源保障和交通运输能力显著提高；财政金融体系运行稳健，社会资金相对充裕，人力资本积累水平快速提高。这些都为我国迈向经济强国奠定了坚实的物质技术基础。

第三，推进城镇化能够为经济持续发展提供广阔空间。我国城镇化进入到规模持续扩大、质量普遍提升新的发展阶段。城镇化发展是我国经济持续发展的强大支撑，是我国扩大内需的巨大潜力所在。城镇化进程的持续发展，有利于带动国内消费和投资，带动产业结构转型升级，通过资源整合和优化配置、聚集人力资源等，增强创新动力和能力，促进科技进步，推动我国由经济大国向经济强国转变。

第四，对外开放程度不断提高，可以有效利用国内外两种资源、两种市场。在经济全球化深入发展和国内对外开放水平不断提高的情况下，我国企业"走出去"面临许多有利的机遇。不少国家受到金融危机的冲击后资金匮乏，与我国扩大投融资合作的意愿增强，在一些领域对我国放宽了投资的限制，使我国企业处于较有利的投资地位。我国对外开放领域正在消除部分开放领域的"玻璃门"、"弹簧门"现象，努力提高开放型经济水平，形成更加适应对外经济发展方式转变的制度、规则和标准。

第五，我国政治优势充分发挥将为经济发展开辟广阔道路和提供坚强保障。经过长期的艰辛探索，在中国共产党领导下，已经形成了中国特色社会主义理论体系，成功地开辟了中国特色社会主义道路，建立了中国特色社会主义制度。全国人民凝聚着道路自信、理论自信和制度自信的无穷力量。这种力量可以攻坚克难，可以不断攀登高峰，可以创造出人间奇迹。

（二）严峻挑战

当然，必须清醒地看到，我国由经济大国迈向经济强国之路不会是平坦的。

从国际上看：

第一，世界发达国家的制约因素在加剧。我国在经济总量超过日本成为世界第二大经济体之后，美国、日本等经济强国对我国发展的制约因素不断增加。发达国家为了保持其在国际经济体系中的秩序红利、格局红利，不愿看到一个强大中国的崛起，会不惜代价试图掣肘我国经济的发展。近年来，反倾销起诉、干涉中国企业的对外投资等事件频频发生，国际贸易摩擦日渐加剧，"中国威胁论"、"唱衰中国论"、"中国贸易保护论"等大有抬头的趋势。这是影响我国经济发展的重要因素。

第二，全球经济市场竞争日趋激烈。国际金融危机对全球经济发展形成严重冲击，全球供给结构和需求结构都发生着深刻变化，无论是发达国家还是发展中国家都面临调整经济结构的巨大压力。美欧等国家相继提出"再工业化"、"2020战略"、"重生战略"等措施；发展中国家都在努力调整发展模式，重塑和加快发展具有比较优势的产业，抢占国际分工的制高点。这些必然导致全球市场争夺更加激烈，各种形式的保护主义更加严重，并从贸易向投资、技术、就业等各个领域扩散，我国面临的外部经济环境的挑战日趋严峻。

第三，外部需求短期内难以有明显好转。国际金融危机的深层次影响还在不断显现，世界经济复苏的不稳定性、不确定性上升，下行压力和潜在风险有所加大。欧洲主权债务危机仍在发酵之中，甚至可能向更多成员国蔓延。因此，欧元区有可能出现财政金融风险与经济衰退恶性循环的局面，从而严重影响世界经济复苏进程。在短时期内，新兴工业化国家经济同样很难有大的改观。这些对我国增加出口提出了严峻挑战。

第四，全球性的各种问题复杂多变。近些年来，世界传统和非传统安全问题，包括气候变化、粮食安全、能源资源安全、大规模杀伤性武器扩散、重大自然灾害、重大传染性疾病等全球性问题交织显现，反映出现有的国际体系不能有效地应对国际社会所面临的新威胁、新挑战。近年来，中亚、北非等地区政局动荡不安，气候变化等因素带来的全球生态与环境的压力，给我国经济发展的总体外部环境提出了新的挑战。

从国内看：

第一，经济结构调整进展缓慢。尽管近些年结构调整不断推进，但我国第一产业基础不稳、第二产业核心竞争力不强、第三产业比重偏低的问题仍然突出。随着我国经济增速的趋缓，产业结构、需求结构、区域结构等经济结构不合理问题将会进一步暴露。部分行业产能过剩问题突出，长期依靠外需拉动的经济发展方式难以为继，城乡之间、区域之间发展的差距不断扩大，亟待加以解决。

第二，科技创新能力有待提高。我国整体科技创新能力偏低，产业技术水平不高。近些年来，我国建设创新型国家成效显著，载人航天、探月工程、高速铁路等实现重大突破，但是原创性的发明、关键核心技术的掌握还与世界经济强国有不少差距。我国产学研相结合的技术创新体系尚不健全，自主知识产权和名牌产品不多，新兴产业的带动作用还不强，科技成果直接转化为生产力的能力较弱。

第三，资源环境的约束日渐突出。多年来，我国走着高投入、高消耗、高污染、低产出的经济发展路子，原油、原煤、天然气、铁矿石等重要资源的供给制约因素在加剧。与经济强国相比，我国单位产值所消耗的能源、废水排放量等指标都有很大差距。同时，我国环境压力进一步加大，雾霾等天气频频发生，这是对走传统发展路子的惩罚。转变经济发展方式，提高经济增长的质量与效益，势在必行，刻不容缓。

第四，制约科学发展的体制机制障碍较多。经济关系中政企不分、政资不分、政社不分、政事不分的现象仍比较突出，财税体制弊端凸显，税制不合理，中央和地方的财力与事权不匹配，现代金融体系不够完善，所有制结构和收入分配结构出现不少新矛盾，社会主义民主法治建设存在一些薄弱环节，社会体制改革、生态文明制度改革都有待深化。原有计划经济体制的一些弊端和体制转型过程中出现的新问题，都在制约着我国经济社会的科学发展。

五、由经济大国到经济强国的发展战略

我国已进入全面建成小康社会的决定性阶段，党的十八大制定了未来时期我国社会主义现代化建设的战略部署，要求全面推进经济建设、政治建设、文化建设、社会建设、生态文明建设，要求全面深化改革，打造中国经济升级版。纵览国际国内大环境的机遇与挑战，要使我国顺利实现由经济大国向经济强国的历史性转变，需要实行以下"六大战略"。

（一）实行经济持续健康发展战略，着力提高经济增长质量和效益

我国在未来相当长的历史阶段中，必须始终坚持以经济建设为中心不动摇。持续扩大经济总量，不仅是实现经济强国的重要条件，更是增加社会财富、改善人民生活、促进社会进步的必然要求。为此，需要做到以下几点：一是努力保持经济长期稳定增长，同时必须把提高经济增长质

量和效益放在首位。要在注重提高经济增长质量和效益的基础上，不断扩大经济总量，推动经济更有效率、更加公平、更可持续发展。党的十八大报告提出国内生产总值十年翻一番的目标要求，同时又提出要把经济发展的立足点转到提高质量和效益上来。这表明一方面要保证经济总量的持续增长，另一方面要在提高经济质量和效益上下更大的功夫。必须切实转变经济发展方式，这是贯彻落实科学发展观的内在要求。要坚持扩大内需为主的方针，改善需求结构，保持投资适度增长，努力扩大消费需求，促进经济发展良性循环。二是加快推进中国特色新型工业化、信息化、城镇化、农业现代化，促进"四化"协调发展、良性互动。三是积极稳妥推进城镇化，着力提高城镇化质量，逐步形成一批具有国际影响力的城市群，使其成为带动区域与全国经济发展的"火车头"。四是把握好国内和国际两个大局，努力开拓国内和国际两个市场，为扩大经济总量提供广阔的发展平台。五是切实推动能源资源的生产和消费革命，着力提高能源资源利用效率和效益，有效控制能源资源消费总量，降低能源资源消耗，使经济发展更多依靠节约能源资源和循环经济的推动，从而实现经济长期可持续发展。

（二）实行优化经济结构战略，着力推进产业结构优化升级

大力推进经济结构战略性调整，包括产业结构、技术结构、企业结构、区域结构的调整。一是坚持把解决好农业、农村和农民问题作为全国经济工作的重中之重。加快发展现代农业，增强农业综合生产能力，确保国家粮食安全和重要农产品的有效供给，这是在十三亿多人口大国推进现代化建设必须始终抓好的头等大事。二是大力促进一、二、三产业协调发展，着力构建现代产业发展新体系，坚持大力发展制造业特别是先进制造业，加快传统产业转型升级，不失时机发展新兴产业，进一步合理布局建设基础设施和基础产业。要大力推动服务业特别是现代服务业的发展壮大。注重发挥工业在实体经济中的主体作用，促进我国从工业大国向工业强国转变。加强财税、金融、投资政策与产业政策的协调配合，发挥国家规划和政策的导向作用。三是坚持把生态文明建设作为优化产业结构的基本要求，使经济发展更多依靠现代服务业和新兴产业带动，大力发展环保产业，着力推进绿色发展、循环发展、低碳发展。认真总结经验，适时适当调整和实施区域发展总体战略，把握国家发展大局，充分发挥地区比较优势，推动各区域相互协调、共同发展。

（三）实行创新驱动发展战略，着力建设创新型国家

具有强大的科技创新能力是迈向经济强国的战略支撑，必须把创新驱动战略摆在建设经济强国的核心位置。一要坚持走中国特色自主创新道路，以全球视野谋划和推动创新，提高原始创新、集成创新和引进消化吸收再创新能力，更加注重协同创新，加强技术集成和商业模式创新。二要深化科技和教育体制改革，加快建设国家创新体系，着力构建以企业为主体、市场为导向、产学研相结合的国家创新体系。着力提高教育质量，统筹各类创新人才发展，建设人才强国和人力资源强国。三要完善知识创新体系，强化基础研究、前沿技术研究、社会公益技术研究，提高科学研究水平和成果转化能力，抢占科技发展战略制高点。四要完善科技创新评价标准、激励机制、转化机制。完善科技创新政策环境，深入实施知识产权战略，加大知识产权保护，不断健全创新的法治环境，促进创新资源高效配置和综合集成，把全社会智慧和力量凝聚到创新发展上来。只有加快建设创新型国家，才能顺利实现建成经济强国的目标。

（四）实行全面深化体制改革战略，着力构建有利于科学发展体制机制

全面深化体制改革，推动机制创新，破除一切阻碍科学发展的体制机制，是我国由经济大国向经济强国转变的关键举措。在全面深化经济体制改革的同时，还需要推进政治体制、社会体制、文化体制、生态文明体制等改革创新。一个经济体只有具备良好的体制机制，才能保证市场的有序竞争，保证各种生产要素平等参与市场交换，才能最大限度地激发市场主体的活力，充分调动广大干部群众干事创业的积极性、创造性。一是要按照党的十八大提出的到 2020 年构建系统完备、科学规范、运行有效的制度体系，使各方面制度更加成熟更加定型的目标要求，加快体制改革步伐。二是要加快完善社会主义市场经济体制，完善以公有制为主体、多种所有制经济共同发展的基本经济制度，完善按劳分配为主体、多种分配方式并存的分配制度，更大程度更大范

围发挥市场在资源配置中的重要作用，完善宏观调控体系和开放型经济体系。三是要加快财税体制改革，着力支持创新发展，形成有利于结构调整、促进科学发展的财政税收制度。四是要深化金融体制改革，稳步推进利率和汇率市场化改革，推进外汇储备管理体制改革，逐步实现人民币资本项目的可兑换，稳步推进金融创新和金融开放，为人民币成为国际货币奠定基础。五是要积极稳妥推进政治体制改革，加快推进社会主义民主政治制度化、规范化、程序化，从各个层次各个领域扩大公民有序政治参与，全面推行依法治国，建设社会主义法治国家，实现国家各项工作法治化。六是要加快社会体制改革、文化体制改革，健全生态环境保护体制机制。扎实推进社会主义文化强国建设，加强和创新社会管理，推动社会主义和谐社会建设，加快生态文明建设，为我国建设经济强国创造良好的政治、经济、文化、社会环境。通过加快改革步伐，把我国经济发展活力和竞争力提高到新的水平。

（五）实行建设海洋强国战略，着力开拓我国经济发展空间

党的十八大报告提出，"提高海洋资源开发能力，发展海洋经济，保护海洋环境，坚决维护国家海洋权益，建设海洋强国"。这是关系到我们国家长远发展的重大战略，必须全面贯彻实施。我国有辽阔的海洋国土，实行建设海洋强国战略是突破资源环境约束和市场约束的重要途径。建设海洋强国不仅关系到我国对海洋资源的合理开发，而且关系到我国的国土安全和经济社会的可持续发展。据统计，我国对外贸易运输量的90%是通过海上运输完成的，我国经济已成为高度依赖海洋的开放型经济，海上运输通道安全直接关系着我国的经济命脉和经济安全。大力实施海洋强国战略的基本要求有五：一要提高海洋资源开发能力。加大海洋资源特别是海底资源的调查与开发，大力发展海洋经济，成为海洋经济强国。二要保障海洋资源的可持续利用。海洋生态文明是我国生态文明建设不可或缺的重要组成部分，要坚持海洋生态环境保护。三要有效管理、控制部分海域。着力提高海洋维权执法能力，坚决维护国家海洋权益。提高海洋军事实力，建设强大的海军，为维护我国的海洋权益保驾护航。四要开展多方面的国际海洋合作，维护中国国际贸易的海上通道安全，以确保我国海外战略资源的利用和经济安全。五要加强海洋行政管理体制和海上执法体制建设，强化海上维权执法协调机制。通过海洋管理体制机制的改革和创新，为建设海洋强国提供有力的体制保障。

（六）实行更加积极主动开放战略，着力提高开放型经济水平

我国 30 多年对外开放的伟大实践，在"引进来"和"走出去"的战略指导下，开放型经济取得了快速发展，有力地增强了我国的综合国力，提升了国际地位与影响力。我们要使我国经

济在国际经济体系中具有更加重要的地位和更大的国际影响力，在迈向经济强国的征程中，必须进一步适应全球化新形势，进一步扩大对外开放，不断完善开放型经济体系。一是要创新开放模式，深化沿海开放，扩大内陆开放，统筹沿海内陆沿边开放，打造分工协作、优势互补、均衡协调的区域开放新模式。二是要培育一批世界水平的跨国公司，着力打造一批世界知名品牌，支持各类大型企业和相关企业在全球范围内优化资源配置。三是要坚持出口与进口并重，形成以技术、品牌、质量、服务为核心的出口竞争新优势，加快加工贸易的转型升级，促进加工贸易从组装逐步向研发、设计等产业链高端拓展。四是要提高利用外资的综合优势和总体效益，拓宽利用外资渠道，优化使用外资结构，加强和改进对利用外资的宏观引导与管理。五是要通过壮大经济实力和发展资本市场，逐步使人民币成为国际货币，成为国际经济体系和货币体系的重要组成部分。六是要加快"走出去"的步伐，积极扩大对外投资力度，合理、有效利用国家的外汇储备，充分发挥我国一些行业的比较优势，鼓励企业到境外投资办厂。七是要创新与发达国家和新兴经济体的合作模式，完善合作机制，拓展合作领域，积极实施自由贸易区战略，加快建设贸易强国的步伐。同时，要提高抵御国际经济风险能力，使我国经济巨轮能够在世界经济的风云变幻中始终奋力前行，如期实现建成世界经济强国的宏伟目标。

（本文原载于《全球化》杂志 2013 年第 6 期，作者为中国行政体制改革研究会会长、中国国际经济交流中心执行副理事长，此次出版作者作了一些文字修改）